Le Grimoire Noir de Baba Yaga : 35 Sorts Interdits

S.H.

ISBN : **978-2-8106-2700-4**

Édition : BoD · Books on Demand,
31 avenue Saint-Rémy, 57600 Forbach,
bod@bod.fr
Impression : Libri Plureos GmbH,
Friedensallee 273,
22763 Hamburg (Allemagne)
Dépôt légal : Février 2025

Introduction

Baba Yaga, l'une des figures les plus emblématiques et les plus redoutables du folklore slave, a captivé l'imagination de plusieurs générations, à la fois vénérée et redoutée pour ses pouvoirs mystérieux. Décrite comme une vieille femme aux capacités surnaturelles, Baba Yaga n'est pas une simple sorcière. C'est un être d'une sagesse ancienne, qui réside dans les forêts les plus profondes et les plus sombres des terres slaves. Sa maison, une cabane qui repose sur des cuisses de poulet, est un symbole des forces sauvages et indomptables de la nature. Baba Yaga est souvent dépeint comme une sorcière aux dents de fer, dont le regard peut transpercer l'âme. C'est une métamorphe, capable de se transformer en oiseau ou en d'autres créatures, et un maître des arts sombres, en particulier de la magie noire.

Dans le folklore, Baba Yaga n'est pas seulement une sorcière malveillante. Elle joue plusieurs rôles : un mentor sage, un ennemi terrifiant et une figure de transformation. Elle est capable d'accorder le pouvoir, la connaissance ou l'immortalité à ceux qui sont assez courageux ou fous pour rechercher ses conseils. Cependant, ces cadeaux ont un prix élevé. La magie de Baba Yaga n'est pas pour les faibles de cœur ou les imprévus. C'est une force qui exige le respect, le sacrifice et un engagement absolu. Ceux qui recherchent sa magie doivent être prêts à affronter leurs peurs les plus profondes et à affronter les ombres en eux-mêmes. Car Baba Yaga n'est pas seulement une figure des ténèbres ; Elle est l'incarnation des forces indomptables et primitives de la nature, à la fois destructrices et créatives.

La magie noire de Baba Yaga est aussi puissante et énigmatique qu'elle l'est elle-même. On dit que sa magie naît des coins les plus profonds de la forêt, là où les règles du monde mortel ne s'appliquent plus. Ses sorts sont tissés à partir du tissu même de la terre, imprégnés d'anciens rituels et de symboles puissants tirés de sa connexion avec le monde naturel et le royaume des esprits. Ceux qui osent invoquer ses pouvoirs puisent dans une force qui transcende l'expérience humaine. La magie noire de Baba Yaga n'est pas seulement une question de destruction ou de contrôle ; Il s'agit de transformation, de changement profond et de dépouillement des illusions.

Sa magie peut être utilisée pour contrôler les forces de la nature, pour invoquer des esprits, pour maudire des ennemis ou pour forger de puissantes alliances avec des êtres des royaumes au-delà. Qu'ils soient utilisés pour la vengeance, la protection ou le gain personnel, les sorts de Baba Yaga sont inflexibles, difficiles à briser et ont souvent des conséquences qui peuvent modifier le tissu même de l'existence d'une personne. Elle n'est pas une protectrice pour les faibles de volonté ou ceux qui cherchent à utiliser sa magie sans comprendre le poids du prix qu'ils doivent payer.

L'histoire de Baba Yaga : croyance, origines et influence mondiale

Baba Yaga est l'une des figures les plus durables et les plus emblématiques du folklore slave, captivant des générations avec sa magie puissante, sa nature ambiguë et sa mystique. Son histoire s'est répandue bien au-delà des pays slaves, influençant les cultures et les contes à travers l'Europe et au-delà. La croyance en Baba Yaga, en sa magie et en sa nature étrange et imprévisible a façonné et continue de façonner la conscience culturelle de nombreuses communautés. Pour comprendre la place de Baba Yaga dans la mythologie, il faut explorer les origines de la croyance, les régions où elle est vénérée ou redoutée, et les nombreuses histoires et interprétations qui l'entourent.

Origines et premières croyances de Baba Yaga
Les premières références enregistrées à Baba Yaga apparaissent dans les traditions populaires russes et slaves, de nombreux érudits faisant remonter ses origines à l'époque préchrétienne. Certains ont émis l'hypothèse que Baba Yaga est une représentation d'une ancienne déesse ou d'un esprit de la terre, lié à la fertilité, à la mort et au cycle de la nature. Le nom « Baba » lui-même est souvent associé à une vieille femme ou à une grand-mère, indiquant une figure matriarcale porteuse de sagesse. À bien des égards,

Baba Yaga incarne la dualité de la nature : elle est une guérisseuse et une destructrice, une protectrice et une entité vengeresse.

On pense que le lien de Baba Yaga avec la nature et la mort provient des pratiques païennes slaves, où le monde naturel était considéré comme vivant d'esprits, à la fois bienveillants et malveillants. Elle aurait pu être à l'origine une représentation des aspects sombres et mystérieux de la nature et du monde souterrain. Dans certaines interprétations, Baba Yaga était autrefois considérée comme une figure maternelle – un peu comme une vieille femme ou une grand-mère sage – qui pouvait offrir des conseils, mais elle était également redoutée pour sa capacité à apporter la destruction, en particulier à ceux qui lui manquaient de respect ou la comprenaient mal. Cet équilibre entre la création et la destruction fait partie de ce qui fait de Baba Yaga une figure si complexe et puissante.

Croyances dans les régions slaves et d'Europe de l'Est

Bien que Baba Yaga soit le plus étroitement associée à la Russie, son influence s'étend à tous les pays slaves, ainsi qu'à certaines parties de l'Europe de l'Est et même à certaines régions d'Asie centrale. Elle apparaît dans des mythes et des contes de pays tels que l'Ukraine, la Biélorussie, la Pologne, la Slovaquie et la République tchèque. Chaque culture a sa propre interprétation de son caractère, et au fil du temps, son image a évolué.

En Russie, Baba Yaga est souvent dépeinte comme une figure sinistre avec un goût pour le cannibalisme, en particulier pour les enfants, bien qu'elle soit également montrée comme un mentor sage pour ceux qui sont assez courageux pour l'approcher. Les contes de fées russes comme « Vassilisa la Belle » et « L'Oiseau de feu » mettent souvent en scène Baba Yaga comme un antagoniste qui doit être déjoué par le protagoniste. Elle est dépeinte comme une vieille femme terrifiante avec un long nez, des dents de fer et la capacité de voler dans le ciel dans un mortier, brandissant un pilon comme arme. Sa hutte, qui repose sur des pattes de poulet, est une marque de sa puissance, car elle peut se retourner pour faire face à quiconque s'approche.

En Ukraine et en Biélorussie, le rôle de Baba Yaga est souvent plus ambigu : parfois, elle est une figure neutre qui offre de l'aide au protagoniste, tandis que dans d'autres cas, elle est une force inquiétante qui punit les indignes. Dans la tradition polonaise, Baba Yaga est parfois considérée comme une méchante sorcière, mais elle peut aussi être une figure utile, selon le contexte de l'histoire.

L'influence de Baba Yaga peut également être vue dans les traditions folkloriques des Balkans, où elle est parfois appelée « Baba Roga » (la vieille femme avec des cornes) ou « Baba Jaga » sous une forme légèrement modifiée. Ici, elle est souvent dépeinte comme une figure mystique associée aux sorcières, à la nuit et aux forces sauvages et indomptables de la nature.

La croyance en Baba Yaga aujourd'hui
Bien que la croyance en Baba Yaga en tant que force surnaturelle ait décliné avec la propagation du christianisme et la modernisation, elle reste une figure importante de la culture contemporaine, en particulier en Russie et en Europe de l'Est. Les traditions populaires entourant Baba Yaga jouent encore un rôle important dans la littérature, le théâtre et les arts russes. Au 19e siècle, des écrivains tels qu'Alexandre Pouchkine et Nikolaï Gogol ont incorporé Baba Yaga dans leurs œuvres, cimentant sa place dans la conscience littéraire nationale.

De nombreuses personnes dans les pays slaves invoquent encore le nom de Baba Yaga lorsqu'elles discutent d'événements mystérieux ou surnaturels. Dans certains villages ruraux, les générations plus âgées peuvent encore raconter des histoires à son sujet comme une mise en garde pour les enfants, les avertissant de ne pas s'aventurer dans les bois ou de s'éloigner trop de la sécurité de la maison.

Le système de croyance de Baba Yaga persiste également dans les pratiques spirituelles modernes, en particulier parmi ceux qui cherchent à se connecter avec d'anciennes traditions slaves ou basées sur la nature. Les groupes néo-païens, en particulier ceux qui s'intéressent au paganisme slave, vénèrent souvent Baba Yaga comme une déesse ou un esprit puissant associé à la sagesse, à la transformation et aux cycles de la vie et de la mort. Dans ces cercles spirituels, Baba Yaga est parfois considérée comme une figure d'émancipation, car elle incarne la liberté de l'énergie féminine indomptable et la sagesse des âges.

Dans la culture populaire, Baba Yaga a connu une résurgence ces dernières années, grâce à ses apparitions dans des films modernes, des jeux vidéo et de la littérature. Elle est souvent dépeinte comme une figure à la fois d'horreur et de fascination, ses qualités de sorcière et ses liens avec la magie séduisant toujours le public contemporain. Des films tels que John Wick ont popularisé son nom à Hollywood, l'associant à la mystique de la sorcellerie et du pouvoir anciens.

Histoires célèbres de Baba Yaga
Au fil des siècles, d'innombrables histoires et légendes sur Baba Yaga ont été racontées, et beaucoup d'entre elles partagent des thèmes communs d'épreuves, de transformations et de défis

rencontrés par des héros qui doivent la déjouer.
Parmi les plus célèbres, citons :

Vassilisa la Belle - Peut-être l'histoire la plus connue de Baba Yaga, ce conte de fées russe met en scène une jeune fille nommée Vassilisa qui est envoyée à la hutte de Baba Yaga pour demander son aide. Baba Yaga confie à Vasilisa une série de tâches impossibles, mais avec l'aide d'une poupée magique, Vasilisa réussit et gagne le respect de Baba Yaga. Vasilisa rentre chez elle avec la sagesse de vaincre sa cruelle belle-mère et de vivre une vie de bonheur. L'Oiseau de feu - Dans cette histoire, un prince part à la recherche de l'insaisissable Oiseau de feu, qui est la clé pour sauver son royaume. En chemin, il rencontre Baba Yaga, qui le met à l'épreuve avec une série de défis. Selon la version, Baba Yaga peut soit aider, soit entraver la quête du prince. Baba Yaga et les trois sœurs - Dans ce conte, trois sœurs sont envoyées à la hutte de Baba Yaga, où elles doivent effectuer diverses tâches. Les deux sœurs aînées échouent et sont punies, tandis que la cadette, qui possède la bonté et la sagesse, réussit et reçoit la faveur de Baba Yaga.

Baba Yaga et le frère insensé - Cette histoire implique un homme qui doit chercher l'aide de Baba Yaga après que son frère ait été transformé en pierre. Il doit passer trois épreuves dans la hutte de Baba Yaga pour gagner ses faveurs, et comme beaucoup d'histoires impliquant Baba Yaga, le personnage du protagoniste détermine l'issue, soit la punition, soit la récompense.

Baba Yaga n'est pas seulement une figure du folklore slave, elle est un symbole des forces sombres, mystérieuses et puissantes qui existent à la fois dans la nature et dans l'âme humaine. Sa légende s'étend sur des siècles, transcendant les frontières culturelles et évoluant avec son temps. Bien que la croyance en Baba Yaga en tant qu'être surnaturel ait diminué face à la modernité, son influence continue de se répercuter à travers la littérature, l'art, la spiritualité et la culture populaire. Pour beaucoup, Baba Yaga reste une incarnation de la sagesse indomptée de la terre, un symbole à la fois de danger et de sagesse, et un rappel du pouvoir de l'inconnu. Qu'elle soit vénérée comme une déesse, redoutée comme une sorcière ou admirée comme un archétype du pouvoir féminin, Baba Yaga est une figure qui perdure dans le cœur et l'esprit des gens du monde entier.

1. La malédiction du flétrissement

Objectif : Un maléfice puissant pour drainer la vitalité d'un ennemi, le faisant dépérir de maladie et de décomposition au fil du temps.

Ingrédients:

Une plume de corbeau mort (symbole de présages et de mauvais sort)

Bougie noire (pour canaliser l'obscurité)

Une goutte de sang de lanceur de sorts (liant la malédiction)

La ciguë séchée (un poison de mort et de souffrance)

Cendres d'un os brûlé (pour symboliser la décomposition)

Heure et lieu :

Minuit sur une lune décroissante

Doit être effectué dans une clairière ou à proximité d'un arbre en décomposition

Incantation (français) : « La vie décline, la chair se décompose, je prends ta force, la nuit obéit. Par le vol du corbeau et l'aiguillon de la ciguë, je te maudis jusqu'au néant.

Incantation (vieux slave) : « Zhizn' uvyadaet, plot' gniet, tvoiu silu ia beregu, noch' vladychit. Cherez vorona polet i bolezn' bolysha, tebia ia klianu v puchinu t'my."

Réalisation:

Placez la bougie noire au centre de votre espace rituel et allumez-la.

Écrasez la ciguë en une poudre fine et saupoudrez-la autour de la bougie en cercle.

Tenez la plume de corbeau au-dessus de la flamme, lui permettant de brûler légèrement tout en murmurant le incantation.

Piquez votre doigt avec un éclat d'os et laissez tomber une goutte de sang dans la flamme.

Brûlez complètement la plume tout en vous concentrant sur l'image de votre victime, en visualisant sa décroissance d'énergie.

Répartissez les cendres de l'os brûlé autour du cercle et éteignez la bougie.

Conclusion et effets : La victime commencera à se sentir faible dans les trois nuits. La fatigue, la maladie et un profond sentiment de désespoir les vaincront. S'il est répété pendant trois nuits consécutives, des effets permanents tels que le vieillissement, une maladie chronique ou l'atrophie peuvent survenir. Soyez prévenus, ce que vous prenez peut vous revenir trois fois si le charme est rompu.

2. Murmure de la tombe

Objectif : Invoquer et parler avec les morts, découvrir des connaissances cachées et des secrets enfouis depuis longtemps.

Ingrédients:

Terre d'une tombe fraîchement creusée (liaison avec les morts)

Un fragment d'os (pour ancrer l'esprit)

Sel noir (pour protéger le lanceur de la possession)

Encens d'armoise (pour éclaircir le voile entre les royaumes)

Un miroir argenté (pour refléter la présence du mort)

Heure et lieu :

Joué à minuit lors d'une nouvelle lune

Doit être fait dans un cimetière ou un cimetière abandonné

Incantation (français) : « Les esprits perdus, entendez mon appel, des profondeurs de l'ombre, lèvez-vous et dites tout. À travers le temps et la poussière, à travers les os et le souffle, accorde-moi des paroles d'au-delà de la mort.

Incantation (vieux slave) : « Dushi pogibshie, slushayte moi golos, iz teni vostan', pravdu rasskazhi. Cherez vremia i prakh, cherez kosti i dykh, day mne slova iz-za smerti.

Réalisation:

Dessinez un cercle protecteur autour de vous avec du sel noir.

Placez la terre de la tombe et le fragment d'os au centre du cercle.

Allumez l'encens d'armoise et placez le miroir argenté devant vous.

Chantez l'incantation en vous regardant dans le miroir, en concentrant votre esprit sur l'esprit que vous souhaitez invoquer.

Si le rituel réussit, le miroir s'embuera et des chuchotements rempliront l'air. L'esprit peut répondre honnêtement à une question avant de s'éteindre.

Remerciez l'esprit avant de rompre le cercle pour éviter les hantises indésirables.

Conclusion et effets : La présence de l'esprit ne durera que pour un bref instant. Si l'invocation est bâclée, l'esprit peut refuser de partir, provoquant des perturbations telles que des cauchemars, des points froids ou des chuchotements dans la nuit. N'invoquez jamais une âme qui a été violemment assassinée ou injustement enterrée – de tels esprits sont vengeurs.

3. L'œil de Baba Yaga

Objectif : Un sort de divination pour accorder au lanceur la capacité de voir les esprits, les chemins cachés ou de détecter les mensonges.

Ingrédients:

Une plume de hibou (symbole de sagesse et de vision nocturne)

Une goutte de venin de serpent (pour ouvrir le troisième œil)

Un miroir (pour refléter les vérités cachées)

Une pierre de lune (pour améliorer la voyance)

Un bol d'eau de source (pour servir de surface de divination)

Heure et lieu :

Exécuté lors de la pleine lune

Il est préférable de le faire dans un marécage, une forêt brumeuse ou près d'un ruisseau

Incantation (français) : « Les insensés sont aveugles, mais je verrai, j'ouvrirai le chemin, je le montrerai. Par la plume, le venin et la pierre, accordez la vue au-delà de la chair et des os.

Incantation (vieux slave) : « Slepy duraki, no ya uzru, otkroyte put', pokazhite pravdu. Cherez pero, yad i kamen', day mne zrenie dukhovo.

Réalisation:

Placez la pierre de lune dans le bol d'eau de source.

Tenez la plume du hibou dans votre main dominante et passez-la doucement sur vos yeux.

Trempez votre doigt dans le venin de serpent et placez une seule goutte dans l'eau.

Regardez la surface de l'eau tout en chantant l'incantation, en concentrant votre énergie sur le désir de voir au-delà du voile.

En cas de succès, des images, des ombres ou des chuchotements apparaîtront dans l'eau, révélant des chemins cachés ou répondant à des questions tacites.

Conclusion et effets : La vision dure une heure. Les effets secondaires peuvent inclure des étourdissements temporaires, une vision naturelle floue ou une sensibilité accrue à la présence des esprits. S'il est surutilisé, le lanceur peut commencer à voir des ombres en permanence, incapable de ne pas voir l'invisible.

4. Le présage du corbeau

Objectif : Un sort pour invoquer des corbeaux en tant que signes avant-coureurs du destin, apportant des présages de mort ou d'avertissement à un ennemi.

Ingrédients:

Trois plumes de corbeau (messagers symboliques)

Un morceau d'obsidienne (pour lier les ténèbres)

Un bol d'argent rempli d'eau de pluie (pour amplifier le sortilège)

Absinthe séchée (pour renforcer la vision)

Un fil noir (pour tisser le destin)

Heure et lieu :

Coucher de soleil par une nuit d'orage

Il est préférable de le faire au sommet d'une colline ou à un carrefour

Incantation (français) : « Par une plume noire et un présage sinistre, j'appelle les ailes du destin et du feu. Ténèbres soit le ciel, rapide soit la fuite, porte mon avertissement dans la nuit.

Incantation (vieux slave) : "Cherez pero chernoe i priznak groznyy, zovu krylya sud'by i ognya. Temno nebo, bystr polot, nesite moyu vest' v noch'.

Réalisation:

Remplissez le bol en argent d'eau de pluie et placez-le au centre du rituel.

Disposez les plumes de corbeau autour du bol en triangle.

Tenez l'obsidienne dans votre main et murmurez l'incantation tout en regardant dans l'eau.

Relâchez le fil noir dans le vent, symbolisant le présage porté.

Dans les heures qui suivent, les corbeaux apparaîtront près de la cible visée et délivreront leur avertissement.

Conclusion et effets : Les corbeaux croassent et tournent autour de la cible, apportant malaise et peur.

5. Le pacte de sang

Objectif : Forger un lien indissoluble entre deux individus, liant leurs destins pour l'éternité.

Ingrédients:

Une bougie noire (symbolisant l'engagement)

Une goutte de sang de chaque participant (pour sceller le pacte)

Un poignard en argent (pour couper le lien si nécessaire)

Morelle séchée (pour faire respecter la permanence)

Un parchemin inscrit avec les deux noms (pour lier le sortilège)

Heure et lieu :

Minuit sous une éclipse lunaire

Doit être effectué dans un temple abandonné ou à un carrefour

Incantation (français) : « Sang contre sang, destin contre destin, nos âmes entrelacées, aucune ne peut s'apaiser. Par les ténèbres jurées, notre lien demeure, par la joie ou la douleur, dans le règne de l'ombre.

Incantation (vieux slave) : « Krov' k krovi, sud'ba k sud'be, dushi svyazany, nikto ne razrvet. Pod ten'yu klianus', soyuz v silye, cherez radost' i bol', v pravlenii mraka.

Réalisation:

Allumez la bougie noire et placez le parchemin entre les deux participants.

Piquez le doigt de chaque participant et laissez tomber une goutte de sang sur le parchemin.

Chantez l'incantation tout en brûlant le parchemin dans la flamme.

Une fois que les cendres se forment, dispersez-les dans le vent, scellant ainsi le lien.

Conclusion et effets : Le lien reste pour toujours à moins qu'il ne soit rompu par le rituel de la dague d'argent.

6. Malédiction d'un malheur implacable

Objectif : Apporter des vagues de malheur sur un ennemi, lui faisant subir des séries interminables de malchance dans tous les aspects de la vie.

Ingrédients:

Un miroir brisé (pour fracturer le destin)

La moustache d'un chat noir (pour invoquer la malchance)

Un nœud de fil rouge (pour enchevêtrer le destin)

Pétales de digitale séchés (pour empoisonner la chance)

Trois gouttes de cire de bougie (pour sceller l'hexagone)

Heure et lieu :

Joué une nuit de lune noire

Doit être fait à un carrefour ou à un puits abandonné

Incantation (français) : « Le destin tourne, la chance brûle, les chemins misérables se tordent et s'agitent. Par la main de l'ombre, par le verre brisé, que le malheur arrive.

Incantation (vieux slave) : « Sud'ba vertitsya, udacha gorit, proklyatye tropy krutyatsya v mig. Rukoy teni, zerknalo pado, pust' beda idet vsled.

Réalisation:

Prenez le miroir brisé et placez-le devant vous, ne reflétant que les ténèbres.

Attachez le fil rouge en trois nœuds serrés tout en chuchotant le nom de la cible.

Brûlez les pétales de la digitale et laissez la fumée s'élever, en imaginant la chance de la cible s'estomper.

Versez trois gouttes de cire sur le miroir brisé tout en chantant l'incantation.

Une fois terminé, enterrez le miroir au carrefour ou jetez-le dans un puits abandonné pour sceller la malédiction.

Conclusion et effets : La cible rencontrera bientôt des malheurs inexplicables : opportunités perdues, entreprises ratées et accidents constants. La malédiction persiste jusqu'à ce que le miroir soit déterré et nettoyé. Soyez prévenus : si le rituel est perturbé prématurément, le malheur peut revenir au lanceur de sorts à trois reprises.

7. Les chaînes de l'ombre

Objectif : Lier la volonté d'un ennemi, le rendant incapable d'agir contre vous.

Ingrédients:

Une longueur de fil noir (à lier)

Une goutte de sang ou de cheveux de l'ennemi (pour les lier)

Une serre de corbeau (pour saisir leur esprit)

Un clou rouillé (pour percer leur volonté)

Cire de bougie noire (pour sceller la reliure)

Heure et lieu :

Joué à minuit dans un endroit isolé

Doit être fait sous une lune décroissante

Incantation (français) : « Les ténèbres vous unissent, le silence vous retient, votre volonté est faible, mon pouvoir se déploie. Lié par l'ombre, lié par la nuit, jusqu'à ce que je choisisse de t'accorder la lumière.

Incantation (vieux slave) : « Ten' skovyvaet, tishina derzhit, tvoi volya slaba, moya sila goryt. Okovan noch'yu, svyazan t'moj, poka ne resh'u oslobodit' tebya.

Réalisation:

Enroulez le fil noir autour de l'ongle tout en chuchotant le nom de l'ennemi.

Appuyez la griffe du corbeau contre l'ongle lié, en le scellant avec de la cire noire fondue.

Enterrez le clou lié près de la maison de l'ennemi ou sous un seuil qu'il franchit souvent.

Conclusion et effets : La cible se sentira indécise, incapable d'agir contre vous ou de résister à votre influence. Ce sort s'affaiblit avec le temps à moins d'être renouvelé.

8. La faim de la nuit

Objectif : drainer la force et l'énergie d'un rival, le laissant affaibli et vulnérable.

Ingrédients:

Une aile de chauve-souris (pour boire leur énergie)

Une fiole de miel noir (pour en tirer l'essence)

Une pincée de graines de pavot (pour les enduire jusqu'à l'épuisement)

Une seule baie de prunellier (pour empoisonner leur esprit)

Heure et lieu :

Il est préférable de le faire au crépuscule, dans un lieu d'ombres profondes

Incantation (français) : « Réveillez-vous à la faiblesse, relevez-vous à la douleur, toute votre force est à moi à drainer. Les ténèbres se régalent, tes forces déclinent, ma volonté règne là où la tienne se résigne.

Incantation (vieux slave) : « Prosnitsya v slabosti, vstat' v boly, vsya tvoja sila techet v moju volyu. Noch' pytayetsya, ty ischeznesh', moya sila tvoyu pozhret.

Réalisation:

Broyez l'aile de la chauve-souris en une fine poussière et mélangez-la avec du miel noir.

Saupoudrez des graines de pavot en cercle autour d'une effigie ou d'une image de la victime.

Mangez la baie de prunellier tout en chantant l'incantation.

Dispersez le mélange de miel sur l'effigie, scellant ainsi leur destin.

Conclusion et effets : La victime ressentira une fatigue profonde, son énergie sapée. S'ils sont lancés plusieurs fois, ils peuvent tomber dans une faiblesse chronique ou une maladie.

9. La langue du mensonge

Objectif : Déformer les paroles d'un ennemi, en s'assurant que personne ne les croit.

Ingrédients:

La peau perdue d'un serpent (symbole de tromperie)

Une plume de corbeau (pour porter les murmures)

Une poupée de cire de la cible (pour les relier)

Quelques grains de sel noir (pour maudire leur discours)

Heure et lieu :

Minuit, de préférence pendant un orage

Incantation (français) : « Les mensonges tombent comme des feuilles d'automne, inaudibles, invisibles, personne ne croit. Tordez la langue, déformez le souffle, transformez tous les mots en poussière et en mort.

Incantation (vieux slave) : « Lozh' padayet kak list'ja, ne slyshat, ne veriat, t'ma slyvaetsya. Vyrvi yazyk, skruči rech', pust' slova prevratyatsya v pepel i mech'."

Réalisation:

Enroulez la peau du serpent autour de la bouche de la poupée de cire.

Appuyez la plume du corbeau contre la poupée tout en murmurant l'incantation.

Saupoudrez de sel noir sur la bouche de la poupée, puis scellez-la avec de la cire chaude.

Enterrez la poupée dans le sol pour garantir des effets durables.

Conclusion et effets : Les mots de la cible seront déformés – les gens les comprendront mal, douteront d'eux et ignoreront leurs avertissements. La malédiction dure jusqu'à ce que la poupée de cire soit déterrée et brûlée.

10. La toile de la tromperie

Objectif : Piéger un ennemi dans ses propres mensonges et tromperies, en faisant en sorte que sa tromperie se retourne contre lui.

Ingrédients:

Une toile d'araignée (pour piéger le destin)

Un éclat de miroir (pour refléter leurs mensonges)

Trois gouttes de venin de serpent (pour empoisonner leurs paroles)

Un morceau de parchemin avec leur nom écrit avec du sang de chauve-souris

Une bougie noire (pour sceller le sortilège)

Heure et lieu :

Joué sous un croissant de lune décroissant

Il est préférable de le faire près d'un plan d'eau
stagnant

Incantation (français) :
« Des toiles sont tissées, la vérité défaite, les
mensonges se tordent, le destin est tourné.
Par ce charme, par ce fil, la tromperie revient,
l'effroi enchevêtré.

Incantation (vieux slave) :
"Pautina tketsya, pravda vret, lzhy krutyatsya,
sud'ba lezet.
Etim zaklyatiem, etim uzlom, pust' lozh' vernetsya v
dom."

Réalisation:

Tissez la toile d'araignée entre vos doigts tout en scandant le nom de la cible.

Versez le venin du serpent sur l'éclat de miroir et laissez-le se dissoudre.

Brûlez le parchemin dans la flamme de la bougie noire tout en chantant l'incantation.

Laissez les cendres se disperser dans l'eau stagnante pour compléter le sort.

Conclusion et effets :

Les mensonges de la victime deviendront évidents pour tous, leur tromperie se dénouant devant eux. Leurs propres paroles les contrediront, provoquant méfiance et trahison.

11. Le berceau des cauchemars

Objectif : Tourmenter un ennemi avec des cauchemars inéluctables et obsédants qui drainent son esprit et sa santé mentale.

Ingrédients:

Une plume de corbeau (pour porter les rêves)

Une fiole de terre de cimetière (pour ancrer les cauchemars)

Une goutte d'extrait de morelle (pour intensifier la terreur)

Une mèche de cheveux de la victime (pour lier le rêveur)

Une poupée bourrée d'épines (pour manifester la souffrance)

Heure et lieu :

Meilleure exécution à l'heure du loup (3 heures du matin)

Mené dans l'obscurité totale

Incantation (français) :

« Les ombres rampent, les horreurs montent, le sommeil s'estompe maintenant derrière les yeux fermés.

Les ténèbres lient, les murmures appellent, dans ces rêves, la folie tombe.

Incantation (vieux slave) :

« Ten' polzet, uzhas vstayet, son ukhodit, glaza goryat.

Noch' skovyvaet, shëpot zovët, v etikh snakh, razum plachet.

Réalisation:

Placez la plume du corbeau sur la tête de la poupée tout en chuchotant le nom de la victime.

Frottez la terre du cimetière sur le tissu de la poupée, en la reliant aux esprits des morts.

Piquez la poupée avec l'extrait de morelle tout en chantant l'incantation.

Placez la poupée sous un arbre à un carrefour, en la laissant là pendant la nuit.

Conclusion et effets :

La victime fera des cauchemars intenses et horribles, la privant d'un sommeil réparateur. Ce sort peut les conduire à la paranoïa et aux délires au fil du temps.

12. Le lien rompu

Objectif : Rompre un lien profond entre deux individus, provoquant la dissolution de l'amour, de la confiance et de l'amitié.

Ingrédients:

Un ruban rouge (pour symboliser la connexion)

Une bougie noire (pour couper le lien)

Une lame rouillée (pour couper le lien)

Une poignée de pétales de rose séchés (pour flétrir l'amour)

Deux objets personnels appartenant aux particuliers

Heure et lieu :

Meilleure Réalisation un samedi soir sous une lune décroissante

Conduite au bord d'une rivière ou au bord de l'eau courante

Incantation (français) :
« Les fils se dénouent, les liens se déchirent, les cœurs s'effacent, l'amour se porte.
Là où il y avait autrefois la confiance, maintenant c'est le désespoir, ce qui était entier est divisé en l'air.

Incantation (vieux slave) :

« Uzly razryvayutsya, svyazi rvutsya, serdtsa
tuskneyut, lyubov' merknut.
Gde byla vera, tam pechal', chto bylo celym –
teryaet nachalo.

Réalisation:

Attachez le ruban rouge autour des deux objets
personnels, en les liant ensemble.

Allumez la bougie noire et laissez sa cire s'égoutter
sur le ruban.

Coupez le ruban avec la lame rouillée tout en
chantant l'incantation.

Dispersez les pétales de rose dans l'eau courante, en
laissant le lien se dissoudre.

Conclusion et effets :

Les deux individus feront l'expérience d'un ressentiment croissant, d'une mauvaise communication et d'une distance. Leur lien s'effilochera jusqu'à ce qu'il se brise complètement.

13. Sort de souffrance éternelle (Malédiction de l'agonie sans fin)

Objectif : Lier une personne à une souffrance sans fin, à la fois physique et mentale, qui se renforce avec le temps. Cette malédiction peut drainer la vitalité, écraser l'esprit et causer un tourment constant.

Ingrédients:

Une bougie noire
Poussière d'os (de préférence d'un animal)
Une fiole de sang (soit du lanceur, soit de la cible)

Pétales de rose épineux

Sel

Un miroir

Ruban de soie noir

Lieu : Dans une pièce sombre et isolée, de préférence souterraine ou dans une forêt à minuit. Un endroit où le voile entre les mondes est le plus mince.

Temps : Exécuté au plus fort de la pleine lune, lorsque les puissances des ténèbres sont à leur apogée.

Incantation (français) :

« Par les os de ceux qui sont tombés, par les larmes des abandonnés,

Liez cette âme à l'agonie, à jamais inébranlable.

À chaque respiration, à chaque pas, la souffrance grandira,

Jusqu'à ce qu'ils supplient pour être libérés, et le désespoir est tout ce qu'ils connaissent.

Incantation (slave natif) :
« Po kostyah umirshikh, po slezyakh pokinutykh,
Privyazhyu etu dushu k mukam, nezakreshennym.
S kazhdym vdykhom, s kazhdym shagom, strakh budet rasti,
Pokhodya po ubezhishcham, oni zavyshchut, no ne budet ubego."

Réalisation:

Placez la bougie noire au centre de la pièce en l'allumant.
Dispersez la poussière d'os en cercle autour de la bougie.
Dessinez un pentagramme dans les airs à l'aide de la fiole de sang.

Posez les pétales de rose épineux au centre du pentagramme.

Attachez le ruban de soie noire autour du miroir et placez-le devant la bougie.

Récitez l'incantation trois fois en regardant dans le miroir, en vous concentrant sur l'image de la cible.

Scellez le sort en saupoudrant du sel sur le cercle tout en prononçant les derniers mots de l'incantation.

Conclusion : La malédiction est scellée dans le miroir, piégeant l'essence de la victime dans un état de souffrance constante. Ils sentiront le poids de cette malédiction s'intensifier avec le temps, brisant finalement leur volonté de vivre.

14. Sort du cœur noirci (Trahison de l'âme)

Objectif : Tordre le cœur d'un être cher ou d'un allié, en le retournant contre le lanceur de sorts. Ce sort provoque la trahison, la jalousie et la haine qui consument la victime, l'amenant à détruire les relations, les amitiés et les loyautés.

Ingrédients:

Une mèche de cheveux de la cible

De l'encre noire et une plume d'oie

Une fiole de venin (le venin de serpent ou d'araignée fonctionne le mieux)

Un morceau d'obsidienne

Un miroir

Une bougie rouge

Une épingle à cheveux

Lieu : Dans une pièce où vous et la cible partagez un moment intime (par exemple, leur chambre ou un espace où ils se sentent en sécurité et aimés). Cela aidera à rendre la magie plus personnelle.

Temps : Réalisé pendant la lune décroissante, lorsque les relations et les liens sont les plus fragiles.

Incantation (français) :
« Les ténèbres s'emparent du cœur,
Avec des murmures venimeux, déchirez-le.
De l'amour qu'ils connaissaient autrefois,
Amenez-les à la haine, jusqu'au bout.

Incantation (slave natif) :
"T'ma zakhvatyvaet serdtse,
S yadychnymi shushkami, razryvayet.
Ot lyubvi, kotoruyu oni znali,
Povedi ikh k nenavisti, vsyakuyu."

Réalisation:

Allumez la bougie rouge pour allumer la passion et le pouvoir.

Posez le morceau d'obsidienne devant vous, la mèche de cheveux posée dessus.

Trempez la plume dans la fiole venimeuse, puis commencez à écrire le nom de la cible sur le morceau de papier.

Pendant que tu écris, visualise la trahison et la haine qui prennent racine dans leur cœur.

Placez le miroir face à l'image de la cible, en chuchotant l'incantation tout en fixant profondément le reflet.

Percez le papier avec l'épingle à cheveux, symbolisant la rupture des liens, et brûlez la mèche de cheveux avec la flamme de la bougie.

Une fois que le papier s'est transformé en cendres, dispersez-le dans le vent, libérant ainsi le sort.

Conclusion : La victime sera consumée par la jalousie, la colère et la paranoïa, trahissant progressivement tous ses proches, y compris vous, si nécessaire. Leurs relations s'effondreront s'ils agiront à cause de cette haine retrouvée.

15. Sort de l'âme creuse (Lien de l'esprit brisé)

Objectif : Drainer l'essence vitale d'une personne, la laissant émotionnellement vide et spirituellement brisée. Ils éprouveront un profond désespoir, le doute de soi et une perte de volonté de vivre.

Ingrédients:

Une plume noire (hibou ou corbeau de préférence)

Un éclat de verre brisé

Une goutte de sang de la cible

Un bol noir rempli d'eau

Un fil noir

Une bougie à base de graisse animale

Une pièce d'argent

Lieu : Dans un endroit calme et sombre où vous pouvez vous concentrer uniquement sur l'essence de la cible. Idéalement, un bâtiment abandonné ou un vieux cimetière la nuit.

Temps : Effectué pendant la nouvelle lune, lorsque les ténèbres règnent et que les esprits sont les plus faibles.

Incantation (français) :
« Du plus profond de l'âme, j'appelle la nuit,
Drainez leur esprit, volez leur lumière.
À chaque goutte, à chaque respiration,
Ils deviendront une coquille vide, pour eux-mêmes.

Incantation (slave natif) :
"Iz glubiny dushi, ya zaklyuchayu t'mu,
Iznytsya ikh dukh, ukrotyu ikh svet.
S kazhdym kaplyu, s kazhdym vdykhom,
Pust' oni stanovyatsya pustochnyimi, dlya svoikh sobstvennykh.

Réalisation:

Allumez la bougie faite de graisse animale pour représenter la flamme fragile de la vie.

Placez la plume noire sur le bol d'eau.

Percez l'éclat de verre dans votre paume, en prélevant une goutte de sang, et placez la goutte dans l'eau.

Attachez le fil noir autour de la pièce d'argent, symbolisant le lien de l'esprit de la victime avec le vide.

Récitez l'incantation lentement, en regardant la plume s'enfoncer dans l'eau, symbolisant l'épuisement de l'esprit de la cible.

Une fois terminé, enterrez la pièce avec la plume dans une tombe ou un endroit isolé.

Conclusion : La cible commencera lentement à ressentir un vide en elle-même, incapable de trouver de la joie, un but ou un sens à la vie. Leur esprit sera fracturé et ils perdront la volonté de se battre pour survivre.

16. Sort du Voile des Ombres (Obscurité éternelle)

Objectif : Obscurcir le destin et l'avenir d'une personne, enveloppant sa vie dans une obscurité impénétrable. Cette malédiction les empêche d'atteindre le succès, le bonheur ou la clarté, les amenant à errer perdus, sans direction.

Ingrédients:

Un morceau de tissu noir

Une bougie fabriquée à partir de la graisse d'une chèvre noire

Une pincée de terre de cimetière

Une petite fiole en verre d'encre (noire ou bleu foncé)

Une mèche de cheveux de la victime

Un poignard avec une poignée noire

Lieu : Un endroit désolé, de préférence un cimetière oublié ou un lieu enveloppé d'une obscurité perpétuelle. L'atmosphère devrait être épaisse d'incertitude et de négativité.

Le temps : Être jeté sur le coup de minuit par une nuit sombre et sans lune, lorsque le voile entre les vivants et les morts est le plus mince.

Incantation (français) :
« Obscurcissez leur chemin, obscurcissez leur vue,
Qu'ils errent perdus dans la nuit éternelle.
Pas de joie, pas de paix, pas de main directrice,
Seules des ombres suivront, alors qu'ils s'enfoncent dans le sable.

Incantation (slave natif) :
"Zakroyu ikh put', zakroyu ikh vzor,
Pust' oni blyadut vveki v temnuyu noch.

Bez radosti, bez pokoya, bez ruki vodi,
Tol'ko téni budut idti, pogibaya v peske."

Réalisation:

Allumez la bougie noire et placez la fiole d'encre à
côté.
Prenez la mèche des cheveux de la victime et
enveloppez-la dans le tissu noir.
Saupoudrez la saleté du cimetière sur le chiffon, en
le scellant avec le flacon d'encre.
Utilisez le poignard pour couper le tissu,
symbolisant la séparation de leur destin, et laissez
l'encre se répandre sur les cheveux.
Alors que la bougie brûle, murmurez l'incantation,
invoquant les ombres pour prendre le contrôle de la
vie de la cible.
Enterrez le paquet enveloppé sous le sol, là où
aucune lumière n'atteint.

Conclusion : La cible sera laissée dans un état de confusion, son avenir étant enveloppé dans l'obscurité. Des opportunités leur glisseront entre les doigts, et chaque pas sera ressenti comme un pas vers le désespoir. Ils perdront tout sens de l'orientation dans la vie.

Attention : Ces sorts sont extrêmement dangereux et ne doivent pas être pris à la légère. Les conséquences de l'utilisation de la magie noire interdite de Baba Yaga peuvent entraîner des résultats dévastateurs, tant pour la cible que pour le lanceur de sorts. Rappelez-vous toujours que la magie noire a un prix, et que même la plus petite mauvaise utilisation peut entraîner des répercussions permanentes. Seuls les plus expérimentés devraient tenter ces rituels interdits, et même dans ce cas, avec une grande prudence.

17. Sort pour maudire la vie d'un ennemi

Titre : La malédiction de la sorcière

But:

Pour maudire la vie d'un ennemi, lui causant des difficultés, des malheurs et des souffrances.

Ingrédients:

1 bougie noire

Un morceau de charbon (pour l'obscurité et la souffrance)

Une représentation de votre ennemi (nom sur papier, photo ou poupée)

Un fil noir

Un bol de vin aigre (représentant l'amertume)

Où le faire :

Dans un endroit isolé et sombre où vous ne serez pas dérangé. De préférence, fait la nuit pour exploiter l'énergie sombre de Baba Yaga.

Quand le faire :

Lors d'une lune décroissante (pour affaiblir la cible),

de préférence un samedi, jour de destruction et de

bannissement.

Incantation:

« Baba Yaga, entends ma supplication,

Apportez la souffrance, libérez-la,

De la paix, de la joie, de la lumière,

Qu'ils affrontent la nuit sans fin.

Langue maternelle (vieux slave) :

"Baba Yaga, slyshi moi molitvy,

Prinesi mu zlost, osvobodi ego,

Ot mira, ot radosti, ot sveta,

Pust' on stolknyotsya s bespamiat'yu.

Réalisation:

Allumez la bougie noire et placez-la devant la représentation de votre ennemi.

Brûlez le morceau de charbon, en le visualisant comme l'énergie de Baba Yaga s'infiltrant dans la vie de l'ennemi, rendant tout noir et sinistre.

Enroulez le fil noir autour de la représentation fermement, tout en chantant l'incantation trois fois.

Versez une petite quantité de vin aigre dans le bol et placez-le à côté de la bougie.

Alors que le vin tourne au vinaigre, visualisez la vie de votre ennemi devenant amère et remplie de malheur.

Laissez la bougie s'éteindre complètement. Jetez les restes (photo ou représentation) dans un endroit sombre et abandonné.

18. Sort pour affaiblir la santé d'un ennemi

Titre : Le lent déclin

But:

Pour drainer progressivement la santé d'un ennemi,
l'affaiblissant au fil du temps.

Ingrédients:

1 bougie noire

Une aiguille (représentant la vitalité perçante)

Une goutte de sang de votre ennemi (ou de la salive
si le sang n'est pas disponible)

Un morceau de parchemin sur lequel est écrit le
nom de l'ennemi

Une jarre de terre (symbolisant la décomposition)

Où le faire :

Un endroit isolé, de préférence dans un endroit lié à
la mort ou à la décomposition (comme un vieux
cimetière ou un coin sombre).

Quand le faire :

Un mardi ou un vendredi soir, pendant une lune décroissante, pour provoquer un déclin progressif.

Incantation:

« Baba Yaga, je t'invoque,

Affaiblir leur corps, leur faire voir,

Leur force leur manquera, leur esprit s'enfuira,

Descendez-les, amenez-les-moi.

Langue maternelle (vieux slave) :

"Baba Yaga, ja prizyvayu tebya,

Ubyvay ich telo, zamechay ikh,

Ikh sila ubyt, ikh um otpravit,

Pust' oni nakhodyatsya na moey storone.

Réalisation:

Allumez la bougie noire et placez-la à côté du pot de terre.

Percez le parchemin avec l'aiguille et prélevez du sang (ou de la salive). Ce faisant, visualisez la vitalité qui s'écoule de votre ennemi.

Placez le parchemin dans le pot de terre. Scellez le bocal et enterrez-le dans le sol, en imaginant la santé de votre ennemi se dégrader lentement.

Laissez la bougie brûler complètement, en vous concentrant sur l'énergie de l'affaiblissement.

3. Sort pour ruiner la réputation d'un ennemi

19. L'ombre de la honte

But:

Pour détruire la réputation d'un ennemi, répandre des rumeurs et provoquer l'isolement social.

Ingrédients:

1 bougie noire

Un miroir (pour la réflexion et la distorsion)

Une petite fiole d'encre noire (représentant de fausses accusations)

Un morceau de papier avec le nom de votre ennemi et une liste de ses méfaits

Un bol de vinaigre

Où le faire :

Un espace sombre et calme où vous pouvez travailler sans interruption, idéalement après minuit.

Quand le faire :

Pendant la pleine lune pour capturer et amplifier la fausse image de votre ennemi aux yeux des autres.

Incantation:

"Baba Yaga, laisse tes ténèbres se lever,

Que leur réputation soit un mensonge.

Que leur nom soit réduit en poussière,

En ton pouvoir, je place ma confiance.

Langue maternelle (vieux slave) :

« Baba Yaga, pust' tvoy ten' podnimetsya,

Pust' ikh repyutatsiya stanet lozh'yu.

Pust' ih imya budet tsvetat v puchine,

V tvoey sily, ya vklyuchayu moyu nadezhdu.

Réalisation:

Allumez la bougie noire et placez le miroir devant vous.

Écrivez les méfaits de votre ennemi ou les commérages à son sujet sur la feuille de papier.

Utilisez l'encre pour rayer leur nom et écrire de fausses accusations.

Placez le papier dans le bol à vinaigre en le remuant pendant que vous chantez l'incantation.

Placez le miroir devant la bougie et, en le regardant, visualisez sa réputation en train de voler en éclats et de se déformer.

Jetez le papier et l'encre loin, en vous assurant que les rumeurs se répandront.

20. Sort pour amener un ennemi à la ruine financière

But:

Pour drainer les richesses de votre ennemi et l'amener à la pauvreté.

Ingrédients:

1 bougie noire

Une pièce de monnaie (représentant la richesse de votre ennemi)

Un morceau de tissu (pour lier la richesse)

Une poignée de haricots noirs secs (pour représenter la perte)

Une jarre de sel (pour assécher les richesses)

Où le faire :

Un endroit isolé sans distractions, où vous pouvez être seul avec vos pensées et vos énergies.

Quand le faire :
Pendant une lune décroissante ou un samedi pour enlever la prospérité de l'ennemi.

Incantation:
"Baba Yaga, prends leur or,
Que leur fortune tourne au froid.
Les richesses s'enfuiront, leurs mains s'arrêteront,
Les poches vides, nuit et jour.

Langue maternelle (vieux slave) :
« Baba Yaga, zaberi ikh zoloto,
Pust' ikh bogatstvo obrushitsya v kholod.
Sreda bogatstva utoshnitsya,
Pust' ikh karandashi budut pusto.

Réalisation:

Placez la bougie noire au centre et la pièce à côté.

Enveloppez la pièce dans le chiffon et versez une poignée de haricots noirs dessus.

Visualisez la richesse de votre ennemi s'éloigner alors que les haricots noirs représentent la perte de prospérité.

Saupoudrez de sel sur la pièce tout en chantant l'incantation, puis enterrez le tissu et la pièce loin de votre propre propriété.

Laissez la bougie s'éteindre complètement, sachant que la richesse est en train de s'épuiser.

21. Sortilège pour faire en sorte qu'un ennemi trahisse ses proches

But:

Pour créer une situation où votre ennemi trahit quelqu'un de proche de lui.

Ingrédients:

1 bougie rouge

Un morceau de parchemin avec le nom de l'ennemi

Un bout de fil (représentant le lien)

Une goutte de sang (pour la connexion)

Un miroir (pour refléter la trahison)

Où le faire :

Dans un espace où vous vous sentez déconnecté,

comme un coin solitaire ou une pièce sombre.

Quand le faire :

Lors d'une lune croissante pour amplifier l'énergie et

faire en sorte que la trahison se renforce au fil du

temps.

Incantation:

« Baba Yaga, brise la chaîne,

Que la trahison leur apporte de la douleur.

Que ceux en qui ils ont confiance trahissent,

Et leur amour s'échappe au loin.

Langue maternelle (vieux slave) :

« Baba Yaga, razorvi tsepy,

Pust' predat' prineset bol.

Pust' oni, kogo oni doveriayut, predast.

Réalisation:

Allumez la bougie rouge et placez le parchemin
avec le nom de votre ennemi dessus.

Déposez une seule goutte de votre propre sang sur le
parchemin, puis attachez le fil autour de celui-ci.

Tenez le miroir face à la bougie et visualisez les
relations de votre ennemi se transformant en
mensonges et en trahison.

Laissez la bougie brûler complètement, libérant la
malédiction.

Jetez le fil et le parchemin à un carrefour.

22. Sort pour faire oublier la réputation d'un ennemi

But:

Faire disparaître le nom d'un ennemi de la mémoire des gens, les faisant oublier.

Ingrédients:

1 bougie noire

Un morceau de papier noir (pour l'effacement)

Un marqueur noir

Une jarre d'eau (représentant l'écoulement du temps)

Un petit chiffon (pour couvrir la mémoire)

Où le faire :

Une pièce sombre, de préférence avec une énergie calme et solennelle.

Quand le faire :

Lors d'une pleine lune, pour effacer leur influence et
les faire disparaître de la mémoire.

Incantation:
"Baba Yaga, efface leur nom,
Qu'ils disparaissent dans les flammes.
Disparu des esprits, disparu de la vue,
En ton pouvoir, mets fin à leur lumière.

Langue maternelle (vieux slave) :
« Baba Yaga, izbrisi ikh imya,
Pust' oni ischezayut v ogne.
Ischezli ot mysleй, ischezli ot zreniya,
V tvoey sily zavershena svetlaya.

Réalisation:

Écrivez le nom de votre ennemi sur le papier noir
avec le marqueur.

Trempez le papier dans le pot d'eau, en vous concentrant sur l'image de leur nom en train de se dissoudre.

Visualisez leur réputation s'estomper de la mémoire des gens.

Laissez la bougie s'éteindre, puis enterrez le papier à un carrefour ou dans un endroit caché, en vous assurant que son nom est effacé à jamais.

22. Sort pour la destruction immédiate d'un ennemi

But:

Pour provoquer la chute immédiate de votre ennemi, en le ruinant complètement.

Ingrédients:

1 bougie noire

Un marteau (pour la destruction)

Une représentation de votre ennemi

Un morceau de tissu noir

Une fiole de soufre ou de sel (pour la finalité)

Où le faire :

Dans un lieu désolé, symbolisant la mort de leur

influence.

Quand le faire :

Un mardi ou un samedi, lorsque la destruction est le

plus nécessaire.

Incantation:

« Baba Yaga, ouvre le chemin de la ruine,

Que leur vie soit déchirée et brisée.

Avec ta puissance, apporte la fin,

Puisse leur chute ne jamais se réparer.

Langue maternelle (vieux slave) :

« Baba Yaga, otkroy put' pogibeli,

Pust' ikh zhizn' budet razrushena.

S tvoey sily, prinesi kontsovku,
Pust' padeniye ne budet ispraveno."

Réalisation:

Installez la bougie noire et la représentation de votre
ennemi.
Utilisez le marteau pour frapper l'objet symbolisant
votre ennemi tout en chantant l'incantation.
Saupoudrez de soufre sur l'objet comme symbole de
destruction finale.
Enveloppez-le dans le tissu noir et enterrez-le
profondément dans le sol.

23. Sort pour faire perdre tout amour à un ennemi

But:

Provoquer le flétrissement des relations et de l'amour d'un ennemi, l'amenant à ressentir un isolement émotionnel et une perte d'affection.

Ingrédients:

1 bougie noire

Une rose rouge (par amour)

Un morceau de papier sur lequel est écrit le nom de votre ennemi

Une aiguille ou une épingle (pour symboliser l'affection perçante)

Une fiole de vinaigre (pour aigrir leurs émotions)

Où le faire :

Un espace calme où vous pouvez vous concentrer, idéalement fait la nuit lorsque l'obscurité peut amplifier les effets du sort.

Quand le faire :

Un vendredi, lorsque Vénus (planète de l'amour) est en rétrograde, pour perturber le flux de l'amour.

Incantation:

"Baba Yaga, prends leur amour,

Rendre leur cœur froid comme la pierre au-dessus.

Que l'affection s'estompe et meure,

Laissez-les avec rien d'autre qu'un soupir vide.

Langue maternelle (vieux slave) :

« Baba Yaga, zaberite ikh lyubov',

Pust' ikh serdtse budet kholodnym, kak kamen'.

Pust' lyubov' ubyot, pust' ona umret,

Ostav' im nichego, tol'ko bezotvetstvennoe vzyat'."

Réalisation:

Allumez la bougie noire et placez-la à côté de la rose rouge.

Écrivez le nom de votre ennemi sur la feuille de papier, puis utilisez l'aiguille pour percer le papier trois fois, en vous concentrant sur l'amour qu'il avait autrefois.

Placez la rose dans la fiole de vinaigre et, ce faisant, visualisez leur cœur devenant froid et distant.

Laissez la bougie s'éteindre, en veillant à ce que l'énergie du sort s'enferme dans leur isolement émotionnel.

Jetez la rose et le papier à un carrefour, symbolisant la fin de leurs relations.

24. Sort pour piéger un ennemi dans une situation à laquelle il ne peut pas s'échapper

But:

Piéger un ennemi dans une situation ou un dilemme sans fin, le laissant incapable de s'échapper ou de trouver une issue.

Ingrédients:

1 bougie noire

Un motif de labyrinthe (dessiné sur une feuille de papier)

Un petit miroir (pour refléter la confusion)

Une goutte de sang ou de salive de votre ennemi (pour le connecter au sort)

Un bocal avec un couvercle (pour piéger l'énergie)

Où le faire :

Dans une pièce calme, où vous pourrez méditer profondément sur le piège et son but. Un espace sombre renforce le sentiment d'être piégé.

Quand le faire :

Pendant une lune décroissante (pour priver votre ennemi de ses options) ou un samedi (un jour associé à la liaison et au contrôle).

Incantation:

« Baba Yaga, ouvre la porte,

Piégez-les dans un destin tordu.

Qu'ils errent, perdus et aveugles,

Incapable de quitter leur lien.

Langue maternelle (vieux slave) :

« Baba Yaga, otkroy dver' ogranicheniya,

Zahvati ikh v zapytnuyu sud'bu.

Pust' oni bleyut i zabludautsya,

Ne nakhodya spasa ot togo, chto zovy."

Réalisation:

Allumez la bougie noire et dessinez le motif du labyrinthe sur le papier.

Déposez le sang ou la salive sur le papier et visualisez votre ennemi marchant sans fin en cercles dans le labyrinthe.

Placez le miroir devant le labyrinthe pour refléter leur confusion et leur incapacité à trouver une échappatoire.

Pliez le papier et placez-le à l'intérieur du bocal, en le fermant hermétiquement, emprisonnant l'énergie à l'intérieur.

Pendant que la bougie brûle, concentrez-vous sur l'image de votre ennemi piégé dans son dilemme sans fin. Jetez le pot dans un endroit où personne ne le dérangera.

25. Sort pour augmenter l'attirance sexuelle

But:

Intensifier l'attirance sexuelle entre deux individus, en augmentant la passion et le désir.

Ingrédients:

1 bougie rouge

Un pétale de rose (par amour)

Un morceau de votre vêtement et des vêtements de votre partenaire (symbolisant le lien)

Un petit pot de miel (représentant la douceur et le désir)

Un petit miroir (symbolisant le reflet de l'attraction)

Où le faire :

Dans un espace privé et intime où vous pouvez vous concentrer sur les énergies entre vous et votre partenaire.

Quand le faire :

Le vendredi (le jour de l'amour et de l'attraction), de préférence pendant une lune croissante pour augmenter la passion.

Incantation:

« Le feu au-dedans, le désir allumé,

Que la passion brûle et que les cœurs s'enflamment.

L'attraction grandit, la luxure se déploie,
À tes yeux, un amour indicible.

Langue maternelle (vieux slave) :
"Ogny vnutri, zhelaniye zhar,
Pust' strast' gorit, serdtse zvezda.
Sily privlecheniya rastut,
V tvoikh glazakh lyubov' neizvestnaya.

Réalisation:

Allumez la bougie rouge et placez-la devant vous.
Placez le pétale de rose et les vêtements de votre
partenaire à côté de la bougie.
Mélangez le miel dans un petit pot, symbolisant la
douceur de la connexion.
Tenez le miroir devant la bougie et, en le regardant,
visualisez l'attraction et le désir croissants entre
vous et votre partenaire.

Pendant que la bougie brûle, concentrez-vous sur l'image de la connexion passionnée entre vous deux. Laissez l'énergie s'accumuler lentement.

Une fois que la bougie brûle, jetez le pétale de rose et les vêtements dans un endroit sacré ou isolé pour laisser le sort s'installer.

26. Sort pour améliorer l'énergie sexuelle

But:

Pour améliorer et amplifier l'énergie sexuelle entre vous et votre partenaire, en créant une connexion puissante et électrisante.

Ingrédients:

1 bougie orange (pour la passion et l'énergie)
Un morceau de tissu de soie (symbolisant la douceur et la sensualité)

Un cristal (comme la cornaline, pour la vitalité et la passion)

Quelques gouttes d'huile de rose (pour l'attraction)

Où le faire :

Un endroit où l'on peut être tranquille, idéalement une chambre ou un cadre privé et sensuel.

Quand le faire :

Lors d'une pleine lune pour maximiser l'intensité et l'énergie du sort.

Incantation:

"L'énergie monte, la passion coule,

Réveillez le feu, laissez-le grandir.

Dans nos cœurs, le désir brûle,

Dans notre toucher, le feu reste.

Langue maternelle (vieux slave) :

"Energiya podnimaetsya, strast' techet,

Probudite ogon', pust' on rastet.

V nashikh serdtse, zhelaniye zhar,
V nashikh rukakh, ogon' ostanetsya.

Réalisation:

Allumez la bougie orange et placez-la au centre.
Étalez le tissu de soie autour de la bougie, créant
ainsi un espace sacré.
Tenez le cristal dans votre main et concentrez-vous
sur l'énergie sexuelle que vous voulez canaliser.
Déposez l'huile de rose sur le chiffon, en visualisant
le flux d'attraction et d'énergie qui s'intensifie.
Pendant que la bougie brûle, imaginez la puissance
et l'énergie qui augmentent entre vous et votre
partenaire. Sentez le courant électrique du désir
grandir à chaque respiration.
Laissez la bougie brûler complètement. Une fois
terminé, gardez le cristal près de vous et de votre
partenaire pour maintenir la connexion.

27. Sort pour renforcer la connexion sexuelle

Titre : La liaison du désir

But:

Pour renforcer et approfondir le lien sexuel entre vous et votre partenaire, en créant une connexion plus intense.

Ingrédients:

1 bougie noire (pour une connexion profonde et une énergie de liaison)

Un ruban rouge (pour nouer le lien)

Une mèche de cheveux des deux individus (symbolisant l'unité)

Un cristal de quartz rose (pour l'amour et la connexion)

Où le faire :

Dans un cadre intime, comme une pièce privée ou une chambre à coucher, où vous et votre partenaire pouvez-vous concentrer sans distractions.

Quand le faire :
Lors d'une lune croissante pour développer la connexion, idéalement un jeudi pour se renforcer.

Incantation:
"Liés par le désir, les cœurs enlacés,
Dans ton toucher, nos âmes se sont alignées.
Que notre lien soit fort et vrai,
Dans le feu de la passion, nous sommes renouvelés.

Langue maternelle (vieux slave) :
"Sviazaný zhelaniyem, serdtsa ob'edineni,
V tvoyem príkośnovenii, nashi dushi vklyucheny.
Pust' nash svyaz' budet sil'noy i tochnoy,
V ogne strasti, mon obnashchayemsya.

Réalisation:

Allumez la bougie noire et placez-la sur une surface plane.

Attachez le ruban rouge autour des deux mèches de cheveux, symbolisant votre lien avec votre partenaire.

Placez le cristal de quartz rose entre vous deux, symbolisant une profonde connexion émotionnelle et sexuelle.

Pendant que la bougie brûle, visualisez vos deux énergies se mélanger, devenant une.

Une fois que la bougie brûle, conservez les cheveux attachés et le cristal dans un endroit sûr, comme symbole de votre lien approfondi.

28. Sort pour un plaisir sensuel accru

But:

Pour éveiller et renforcer le plaisir sensuel ressenti pendant l'intimité, en rendant chaque contact plus intense et satisfaisant.

Ingrédients:

1 bougie rose (pour l'amour et la sensualité)
Un bol de lait chaud (pour la douceur et le plaisir)
Quelques gouttes d'huile de jasmin (pour la sensualité)
Un chiffon de soie (pour couvrir le corps)
Où le faire :
Une chambre ou un espace confortable où vous et votre partenaire pouvez vous sentir détendus et ouverts.

Quand le faire :
Un vendredi soir pendant une lune croissante pour une énergie émotionnelle et sensuelle accrue.

Incantation:

"Éveiller les sens, mettre l'ambiance,

Laissez couler le plaisir, profond et bon.

Dans notre toucher, que la passion s'élève,

Des plaisirs sensuels, nous nous en rendons compte.

Langue maternelle (vieux slave) :

"Probudite chuvstva, ustanovite nastroenie,

Pust' udovol'stvie techet, gluboko i khorosho.

V nashikh prikosnoveniakh, pust' strast' voskreshet,

Chuvstvennye udovol'stviya, my osushchestvlyaem.

Réalisation:

Allumez la bougie rose et placez-la près du lit ou

d'un autre espace intime.

Remplissez le bol de lait chaud et ajoutez quelques

gouttes d'huile de jasmin pour rehausser

l'atmosphère.

Étalez le tissu de soie sur le lit et asseyez-vous ou allongez-vous ensemble.

Concentrez-vous sur l'énergie entre vous deux, et lorsque vous touchez ou faites l'amour, visualisez l'énergie qui circule librement et s'intensifie.

Gardez le tissu de soie près de vous comme un rappel de la sensualité éveillée.

29. Sort pour augmenter la confiance sexuelle

But:

Pour augmenter la confiance sexuelle, l'assurance et l'autonomisation dans la chambre à coucher.

Ingrédients:

1 bougie dorée (pour la puissance et la confiance)
Un miroir (pour refléter la force intérieure)

Un morceau de votre vêtement (pour l'énergie personnelle)

Une poignée de lavande (pour le calme et la clarté)

Où le faire :

Dans un espace privé où vous pouvez vous concentrer sur votre pouvoir intérieur et vos désirs.

Quand le faire :

Lors d'une lune croissante, de préférence un dimanche pour l'autonomisation.

Incantation:

"Je suis puissant, je suis audacieux,

Dans ma peau, je suis incontrôlée.

Confiance monte, dans mon cœur et mon âme,

Je commande mon pouvoir, je prends le contrôle.

Langue maternelle (vieux slave) :

« Ya sil'naya, ya odna,

V moyem tele, ya nelyubimaya.

Uverennost' podnimayetsya, v moyem serdtse i dushi,

Ya komanduyu moyu silu, ya nakhodyu kontrol'."

Réalisation:

Allumez la bougie dorée et placez-vous devant le miroir.

Tenez le vêtement près de votre poitrine, en ressentant l'énergie de la force personnelle et de la confiance.

Concentrez-vous sur votre réflexion, en répétant l'incantation pendant que vous visualisez votre pouvoir sexuel et votre assurance personnelle.

Saupoudrez de lavande autour de l'espace pour ajouter une influence apaisante.

Laissez la bougie s'éteindre et conservez les vêtements ou l'énergie comme symbole de votre moi autonome.

30. Sort pour créer une chimie imparable

But:

Pour créer une chimie magnétique indéniable entre vous et votre partenaire, une qui ne peut être ignorée.

Ingrédients:

1 bougie rouge (pour la passion)

Un vêtement de votre partenaire

Une petite fiole d'huile de cannelle (pour l'attraction et le piquant)

Une mèche de cheveux de votre partenaire (facultatif)

Un miroir (symbolisant le reflet et l'attraction)

Où le faire :

Un espace privé et intime où vous et votre partenaire vous sentez à l'aise.

Quand le faire :

Pendant une pleine lune pour amplifier la chimie et la connexion.

Incantation:

"Nos âmes brûlent d'une grâce ardente,

Dans nos cœurs, personne ne peut remplacer.

Traction magnétique, cravate irrésistible,

À chaque touche, nous nous élevons vers le ciel.

Langue maternelle (vieux slave) :

"Nashi dushi goryat s ognennoy blagorodnoy,

V nashikh serdtse, nikto ne mozhet zamenit'.

Magnitnoe tyanushchiesya, neotrazimaya nitya,

S kazhdym prikosnoveniem, my podnyom na nebo.

Réalisation:

Allumez la bougie rouge et placez les vêtements de votre partenaire à proximité.

Tamponnez quelques gouttes d'huile de cannelle sur vos poignets ou votre poitrine et tenez le miroir devant vous deux.

Concentrez-vous sur l'énergie magnétique entre vous et votre partenaire. Visualisez la chimie s'intensifiant à chaque respiration et toucher.

Une fois que la bougie brûle, conservez le vêtement ou les cheveux dans un endroit sûr comme symbole de la connexion.

31. Sort de ruine silencieuse (Malédiction de destruction silencieuse)

Objectif : Provoquer une destruction progressive et invisible dans la vie de la cible. Leur fortune, leur santé et leurs relations commenceront à s'effondrer, mais ce sera lent et inaperçu, les laissant dans un état de confusion et de désespoir alors qu'ils regardent tout ce qu'ils apprécient s'envoler sans comprendre pourquoi.

Ingrédients:

Une plume noire (hibou ou corbeau de préférence)

Une fiole d'eau stagnante

Un fragment d'objet personnel de la cible

(vêtements, cheveux, etc.)

Une bougie noire

Une goutte de sang du lanceur de sorts

Lieu : Dans une pièce isolée sans lumière, où le silence domine, comme une maison abandonnée ou un sous-sol sombre. Idéalement réalisé à minuit.

Temps : Pendant la lune décroissante, symbolisant le déclin de la fortune.

Incantation (français) :

"Dans le silence de la nuit, où rampent les ombres,

Laisser leur monde se dévoiler, des secrets à garder.

Pas de bruit de ruine, pas d'appel du destin,

Qu'ils tombent, invisibles, dans l'attente.

Incantation (slave natif) :
"V tikhom nachale nochi, gde teni polzayut,
Pozvol' im unichtozhat', tainy sokhranyat.
Nichego ne slishno, nikakogo zvuka sud'by,
Pust' oni padayut, nevidimy, pokhodya po puti.

Réalisation:

Allumez la bougie noire et placez-la devant vous.
Jetez une goutte de votre sang dans l'eau stagnante.
Ajoutez le fragment personnel de la cible dans l'eau
et placez la plume au-dessus.
Prononcez l'incantation lentement tout en fixant la
plume, en imaginant la vie de la cible se détériorer
doucement.
Éteignez la bougie et laissez l'eau intacte, en la
laissant reposer jusqu'à la prochaine phase de la lune
décroissante.

Conclusion : La cible commencera à remarquer que sa chance vacille, que ses relations se détériorent et que sa santé décline lentement mais sûrement. Ils ne seront pas en mesure d'en comprendre la cause, car la destruction est si subtile qu'elle ressemble à un cruel coup du sort.

32. Sort du Voile du Mensonge (Voile de la Vérité)

Objectif : Obscurcir la perception de la vérité autour de la victime, l'amenant à vivre dans un état constant de tromperie, de confusion et de manipulation. Ils croiront que les mensonges sont des vérités, et leurs actions seront guidées par des mensonges qui les mèneront à la ruine.

Ingrédients:

Un voile noir (tissu ou morceau de tissu)
Une poupée ou une effigie de la cible

Une bougie en cire d'abeille

Une petite fiole de miel

Une pièce d'argent

Lieu : Effectué dans une pièce sombre où aucune lumière ne peut atteindre, de préférence dans un endroit connecté à la cible (par exemple, sa maison ou un espace où elle se sent en sécurité).

Temps : Une nuit de nouvelle lune, lorsque les énergies des débuts et des fins convergent.

Incantation (français) :

« Voile leurs yeux, obscurcit leur esprit,

La vérité est perdue, la tromperie lie.

Ce qu'ils voient, ce qu'ils entendent,

Ce n'est pas la vérité, mais le mensonge qu'ils craignent.

Incantation (slave natif) :

"Zakatay glaza, tumanit um,

Istina ubyet, obmany ne budut.

To, chto oni vidyat, to, chto oni uslyshat,

Eto ne istina, a lozh', kotoryu oni boatsya.

Réalisation:

Allumez la bougie en cire d'abeille et placez la poupée ou l'effigie devant vous.

Drapez le voile noir sur la poupée, symbolisant l'obscurcissement de leur esprit.

Versez le miel autour de la poupée, en l'enveloppant dans une couche collante de tromperie.

Placez la pièce d'argent sur le voile et récitez l'incantation.

Alors que la bougie brûle, murmurez les derniers mots pour solidifier le sort, laissant la poupée absorber l'énergie.

Conclusion : La victime commencera à faire confiance aux mensonges et aux mensonges, en prenant des décisions basées sur des perceptions manipulées. Leurs relations se fractureront à mesure qu'ils seront égarés par la réalité déformée que vous avez tissée.

33. Sort des Vents Gémissants (Malédiction de l'Âme Déchirée)

Objectif : Tourmenter l'âme de la cible avec des murmures et des voix gémissantes que personne d'autre ne peut entendre. Ces bruits hanteront chacune de leurs pensées, les rendant lentement fous, les maintenant dans un état constant d'anxiété et de peur.

Ingrédients:

Une plume de corbeau noire
Une petite cloche
Un bol de sel

Un fragment du vêtement de la cible

Une bougie blanche

Lieu : À l'extérieur, de préférence près d'un cimetière ou d'un endroit calme et désolé où le vent hurle la nuit.

Temps : Pendant une tempête ou lors d'une soirée particulièrement venteuse, lorsque le vent porte les voix de l'invisible.

Incantation (français) :

« Des murmures dans le vent, des appels de désespoir,

Que leur esprit soit déchiré par l'air sans fin.

De l'ombre, des voix appellent,

Hantant leur âme, de s'effondrer et de tomber.

Incantation (slave natif) :

"Shum na vetre, zovy ot beda,

Pust' ikh Umm nakhodyat'sya, propadayut.

Iz teney, golosa zovyat,

Navodit' strakh, nakhodyat'sya na dushu.

Réalisation:

Allumez la bougie blanche pour symboliser la pureté qui sera souillée.

Prenez la plume de corbeau et saupoudrez de sel autour de la base de la bougie, formant un anneau protecteur.

Tenez la cloche dans votre main et faites-la sonner trois fois, symbolisant l'appel des vents.

Posez le fragment de vêtement de la cible près de la bougie.

Récitez l'incantation, en vous concentrant sur l'âme de la cible déchirée par le murmure des vents.

Lorsque le vent souffle, laissez l'offrande à l'extérieur pour laisser la tempête porter le sort.

Conclusion : La victime commencera à entendre les vents gémissants, les chuchotements et les voix au fond de son esprit, la poussant à la folie et au désespoir. Leur esprit s'effilochera et ils se sentiront complètement isolés, comme si le monde lui-même voulait les détruire.

34. Sort de la main invisible (Malédiction de l'emprise du destin)

Objectif : influencer et contrôler subtilement les actions d'une cible sans qu'elle ne s'en rende compte, manipuler ses décisions pour la conduire à la malchance, et finalement la plier à la volonté du lanceur.

Ingrédients:

Un tissu de soie noir
Une paire de clous en fer
Une mèche de cheveux de la cible
Un éclat de miroir

Une bougie noire

Lieu : Un espace sombre et calme où vous pouvez vous concentrer entièrement sur l'énergie du contrôle, comme votre propre maison ou un endroit isolé.

Temps : Pendant la lune croissante, lorsque les énergies de croissance et d'influence sont les plus fortes.

Incantation (français) :
« Par la main invisible, je guide ton destin,
Tournez vos choix, tordez votre état.
Dans l'ombre, je resterai, invisible,
Pourtant, vous suivrez, comme si vous aviez été prédits.

Incantation (slave natif) :
"Nekhvisimoy rukoy, ya nakhodyu tvoe sud'bo,
Skrepyu tvoyu volyu, ubivaya tvoi resheniya.

V teni ya ostayu, nevidimy,

No ty budesh' idti, kak esli predskazano.

Réalisation:

Allumez la bougie noire en vous concentrant sur sa flamme.

Placez la mèche des cheveux de la cible sur l'éclat de miroir.

Prenez les clous en fer et pliez-les en une petite boucle.

Enroulez le tissu de soie noir autour des ongles, symbolisant le lien de leur destin à votre volonté.

Récitez l'incantation, en imaginant la cible suivant une force invisible qui la conduit dans la direction que vous souhaitez.

Brûlez le tissu et les clous dans la flamme de la bougie, symbolisant leur destin scellé par votre manipulation.

Conclusion : La cible prendra sans le savoir des décisions en votre faveur, attirée par une force invisible qui a l'impression d'être guidée par le destin lui-même. Leur vie semblera s'enchaîner vers les résultats que vous désirez, sans qu'ils ne se rendent compte de la source de l'influence.

35. Sort du reflet brisé (Malédiction du doute de soi)

Objectif : Éroder l'estime de soi et la confiance de la cible, l'amenant à douter de ses propres capacités, de son apparence et de sa valeur. Ce sort les amène constamment à se remettre en question, conduisant à la paralysie et à l'indécision.

Ingrédients:

Un miroir
Un fil noir

Un objet personnel de la victime (un vêtement ou quelque chose qu'elle touche souvent)

Une bougie noire

Un morceau d'obsidienne

Lieu : Dans une pièce avec un miroir, idéalement déjà fissuré ou vieux, symbolisant la fragmentation de l'image de soi.

Temps : Pendant la lune décroissante, lorsque les énergies du doute de soi et du déclin sont à leur plus fort.

Incantation (français) :

"Brise ton reflet, brise ta vue,

Voyez-vous dans l'ombre, perdu dans la nuit.

Doutez de votre valeur, remettez en question votre âme,

En tombant, vous perdez le contrôle.

Incantation (slave natif) :

"Razvalivay tvoyu otobrazheniye, razbivay tvoyu zreniye,

Vid' sebya v teni, zabyvay vse.

Somnevay v svoikh silakh, voprosy dushi,

Pust' ty padayesh', teryayesh' kontrol'."

Réalisation:

Allumez la bougie noire en vous concentrant sur la flamme pour ouvrir le canal d'énergie.

Placez l'objet personnel près du miroir et enveloppez-le avec le fil noir.

Tenez le morceau d'obsidienne et fixez-vous dans le miroir, en vous concentrant sur le reflet de la cible.

Récitez l'incantation, en imaginant l'image de soi de la cible se briser en morceaux.

Casser le miroir ou, si ce n'est physiquement, symboliquement en écrasant l'obsidienne.

Conclusion : La cible commencera à douter d'elle-même à chaque tournant. Leur confiance s'érodera à mesure qu'ils seront consumés par l'insécurité, ce qui les empêchera d'atteindre leurs objectifs et les conduira à un état de doute de soi.

Ingrédients utilisés dans cette magie noire

Herbes et plantes

Absinthe – Utilisé pour la protection, la divination et le nettoyage spirituel. Souvent inclus dans les sorts pour bannir l'énergie négative.

Sauge – Une herbe purifiante pour nettoyer les espaces des esprits indésirables ou des influences négatives. Également utilisé dans les rituels pour se préparer à une magie puissante.

Lavande – Pour calmer, clarifier spirituellement et invoquer la paix lors de rituels intenses.

Romarin – Souvent utilisé pour la protection, la guérison et pour améliorer les capacités psychiques.

Armoise – Connue pour son association avec les rêves et les visions, parfaite pour la divination ou la découverte de vérités cachées.

Cannelle – Une épice qui peut améliorer l'attraction, la chance et le pouvoir. Fréquent dans les sorts d'amour ou de prospérité.

Basilic – Utilisé pour invoquer la protection spirituelle et repousser les énergies négatives. Également utilisé dans les sorts d'attraction et de purification.

Racine de pissenlit - Un ingrédient puissant pour bannir les malédictions et les sortilèges, souvent utilisé dans les sorts de protection ou pour briser les liens.

Aubépine – Associée à une forte protection spirituelle et au bannissement des forces obscures, souvent utilisée dans les rites de sécurité ou de force.

Morelle (Belladonna) – Une herbe dangereuse mais puissante qui peut être utilisée pour invoquer les esprits sombres, induire le sommeil ou se protéger par des malédictions ou une magie défensive.

Bougies & Couleurs

Bougie noire – Utilisée pour la protection, le bannissement ou pour invoquer le pouvoir des ténèbres. Également utilisé pour maudire ou annuler des situations négatives.

Bougie rouge – Pour la passion, l'amour, la luxure et l'attraction. Souvent utilisé dans les périodes d'énergie sexuelle et de désir.

Bougie verte – Représente la richesse, la prospérité et la croissance, couramment utilisée dans les sorts de gain financier et d'abondance.

Bougie blanche – Bien qu'elle ne soit pas typique de la magie noire, elle est parfois utilisée pour l'équilibre, la protection spirituelle ou pour améliorer la clarté des rituels.

Huiles et liquides

Huile de rose – Utilisée dans les sorts d'amour, d'attraction et de connexion profonde. Il renforce les liens émotionnels et intensifie la passion.

Huile de jasmin – Invoque la sensualité, le désir et la connexion émotionnelle accrue, souvent utilisée dans la magie sexuelle ou romantique.

Huile de cannelle – Utilisée pour puiser dans la richesse, le succès ou stimuler l'énergie. Une épice utilisée dans les sorts d'autonomisation et d'attraction.

Huile de basilic – Connue pour sa protection, sa purification et sa force. Souvent utilisé en magie défensive.

Miel – Utilisé pour adoucir les situations, améliorer les relations ou renforcer l'attraction. C'est un élément doux mais puissant dans les sorts d'amour ou d'influence.

Cristaux et pierres

Cornaline – Une pierre de passion, de créativité et de vitalité, souvent utilisée pour stimuler l'énergie sexuelle et la confiance.

Quartz rose - Connu pour son association avec l'amour, l'affection et la guérison émotionnelle. Fréquemment utilisé pour approfondir les relations amoureuses.

Obsidienne – Une pierre protectrice, utilisée dans les rituels de bannissement ou pour s'ancrer et se protéger contre les énergies sombres.

Améthyste – Utilisée pour améliorer l'intuition et protéger contre les influences négatives. Il est également utilisé pour calmer l'esprit dans des rituels d'émotion intense.

Tourmaline noire - Connue pour sa capacité à protéger contre l'énergie négative et les attaques psychiques.

Pierre de sang – Utilisée pour le courage, la force et le dépassement des obstacles, souvent utilisée dans les sorts d'autonomisation personnelle.

Onyx – Une pierre d'ancrage qui peut renforcer et protéger, souvent utilisée dans les sorts de défense et pour repousser les influences indésirables.

Ingrédients divers

Sel – Un élément protecteur puissant, souvent utilisé dans les cercles ou comme offrande. Il peut purifier et nettoyer des espaces ou des individus.

Miroir – Utilisé pour la réflexion, la divination ou pour amplifier les effets des sorts en augmentant le flux d'énergie. Un outil pour la divination et l'invocation d'une conscience de soi profonde.

Fil/Ruban Noir – Souvent utilisé pour lier ou maudire des sorts, lier de l'énergie ensemble ou restreindre les actions.

Cendres – Symbolisent la destruction et la libération d'anciennes énergies, souvent utilisées dans les rituels de bannissement ou pour mettre fin à des situations négatives.

Fer – Utilisé pour éloigner les mauvais esprits, protéger et broyer les sorts. Le fer peut être utilisé dans la magie défensive ou pour briser les malédictions.

Sang (animal ou personnel) – Une offrande puissante dans des rituels plus intenses, souvent utilisée pour symboliser le sacrifice et l'engagement envers la magie. Il est très dangereux et ne devrait être utilisé que par des praticiens qui comprennent son pouvoir et ses conséquences.

Autres objets symboliques

Plumes – Utilisées pour le vol, la vitesse et la connexion au monde des esprits. Souvent utilisé dans les sorts pour invoquer des esprits ou pour la divination.

Os – Représentent la force, le lien avec les ancêtres et la protection. Utilisé dans de puissants sorts de liaison et de malédiction.

Crânes – Symbolisant la mort, l'au-delà et la sagesse ancestrale, les crânes sont parfois utilisés dans des rituels pour communiquer avec les esprits ou invoquer une transformation intense.

Clés – Représentent l'ouverture de nouveaux chemins, le déverrouillage de secrets ou l'accès à des domaines de connaissance cachés.

Corbeaux ou plumes de corbeau - Oiseaux associés aux forces obscures et à la divination, souvent utilisés pour invoquer la sagesse, la protection et le pouvoir du monde spirituel.

Ingrédients d'origine animale

Ailes de chauve-souris – Utilisées dans les sorts pour la transformation, le changement de forme ou l'invocation de pouvoirs sombres et ténébreux.

Fourrure de loup – Un symbole de force, de loyauté et d'énergie primale. Souvent utilisé dans les rituels liés à la défense ou pour invoquer un sentiment intérieur de pouvoir et de confiance.

Peau de serpent – Un symbole de renouveau, de changement et de protection. Utilisé pour se débarrasser des anciennes énergies ou pour se protéger des malédictions.

Les ingrédients utilisés dans les sorts de magie noire de Baba Yaga sont profondément enracinés dans le monde naturel et spirituel. Chaque élément a un but, une vibration et un rôle dans l'invocation des forces anciennes que Baba Yaga commande. Qu'il s'agisse des herbes qui nettoient et purifient, des bougies qui enflamment la passion et le pouvoir, ou des cristaux qui canalisent et amplifient les énergies, chaque ingrédient est une clé pour libérer le potentiel de sa magie noire.

Cependant, il est essentiel de se rappeler que ces ingrédients ne sont pas à prendre à la légère. Ils sont puissants, puissants et doivent être utilisés avec prudence et respect. La magie de Baba Yaga est le reflet des forces primitives de la nature, et en tant que telle, elle n'est pas pour les timides. Une bonne préparation, une bonne concentration et une bonne compréhension de ces ingrédients sont essentielles pour leur utilisation sûre et efficace. Seuls ceux qui l'approchent avec révérence seront en mesure de libérer le véritable potentiel de la magie noire de Baba Yaga.

Conclusion

La magie noire de Baba Yaga est une force ancienne et redoutable qui exige respect, compréhension et préparation. Comme nous l'avons exploré dans ce livre, sa magie n'est pas simplement un outil de manipulation ou de destruction, mais un pouvoir profond et transformateur qui peut façonner des destinées, modifier des vies et invoquer à la fois la création et l'annihilation. Baba Yaga, avec son lien profond avec les mondes naturel et spirituel, est une gardienne des mystères qui se cachent au-delà du voile de la perception humaine. C'est une gardienne des secrets, une figure à la fois terrifiante et impressionnante, qui exerce son pouvoir en sachant que l'équilibre est la clé de la survie dans le domaine de la magie.

Chaque sort de ces pages a été soigneusement conçu à partir des traditions profondes de la magie noire de Baba Yaga, conçu pour améliorer vos capacités, renforcer votre volonté et réaliser vos désirs, que ce soit pour la protection, la vengeance, la transformation ou l'influence. Mais comme pour toutes les formes de magie noire, il est important de se rappeler le prix à payer. La magie de Baba Yaga n'est pas sans conséquence. Faire appel à sa puissance, c'est embrasser l'inconnu et entrer dans un royaume où les frontières entre la lumière et l'obscurité s'estompent. C'est une force qui peut vous mener à la grandeur, mais aussi à la destruction si elle est utilisée imprudemment.

Grâce à sa magie noire, Baba Yaga nous enseigne que le vrai pouvoir ne réside pas dans le contrôle aveugle, mais dans la compréhension de l'équilibre entre la création et la destruction. Il s'agit de faire face à votre ombre, de surmonter vos peurs et de naviguer dans les complexités de l'âme humaine. Sa magie n'est pas pour les timides, mais pour ceux qui cherchent à aller au-delà de la surface, qui sont assez courageux pour regarder dans l'abîme et en tirer la connaissance que d'autres craignent même de reconnaître.

Puissent les sorts contenus dans ce livre vous guider dans votre voyage avec Baba Yaga, mais n'oubliez jamais de vous approcher avec révérence et sagesse. Les ténèbres qu'elle commande peuvent être un allié puissant, mais elles sont également capables de consumer ceux qui s'y perdent.

Que les ombres que vous invoquez produisent la sagesse et la force nécessaires pour naviguer sur le chemin devant vous, et que la magie noire de Baba Yaga illumine le chemin pour ceux qui osent marcher dans les ténèbres.